AF404202

INFLUENCE

DE

L'AMMONIAQUE

ET

DES SELS AMMONIACAUX

SUR

LA VÉGÉTATION.

PAR

ROD. BLANCHET.

LAUSANNE,
IMPRIMERIE ET LIBRAIRIE DE MARC DUCLOUX, ÉDITEUR.

1843.

Ce mémoire a été lu en grande partie à la Société Helvétique des Sciences naturelles, réunie à Altorf au mois de Juillet 1842.

A MONSIEUR J. LIEBIG,

Daignez recevoir ce faible témoignage de l'estime et de la
sincère reconnaissance

de votre dévoué élève,

ROD. BLANCHET.

INFLUENCE

DE L'AMMONIAQUE ET DES SELS AMMONIACAUX

SUR LA VÉGÉTATION.

L'attention des naturalistes s'est portée ces dernières années sur les divers phénomènes chimiques de la physiologie animale et végétale. L'attrayant travail de M. le Professeur Liebig a surtout contribué à donner cette impulsion.

Un des corps qui parait jouer le rôle le plus important est *l'ammoniaque*; si d'un côté il est la fin de toute décomposition organique, d'un autre il parait être le premier agent de la vitalité; c'est lui que l'on retrouve partout où la vie paraît commencer, soit dans le règne animal, soit dans le règne végétal.

Il préside au premier développement des plantes; on le trouve dans la sève, dans le terreau, dans les eaux stagnantes, dans les eaux minérales, dans les eaux distillées de fleurs, et partout où il est en certaine proportion, l'on voit se développer la vie organique.

Sève des plantes. Les expériences de M. Liebig sur la sève des *Bouleaux,* des *Erables,* de la *Vigne,* des *Betteraves* ont mis hors de doute la présence de l'ammoniaque dans ce liquide; il faut distinguer deux sèves, *celle du printemps,* et *celle du mois d'Août :*

Voyons d'abord celle du printemps et suivons la dans le développement de la graine : chargée de principes ammoniacaux elle vient modifier la nature chimique des divers amas de nourriture fixés dans les graines; cette action chimique sous l'influence d'une chaleur déterminée, rend ces principes solubles et propres à former les parties du végétal en même temps qu'elle leur donne la vie. Les moyens employés pour faciliter la germination se résument tous à mettre la graine en présence de sels amoniacaux.

Les met-on quelques jours dans l'eau, ce liquide absorbe le carbonate d'ammoniaque de l'air ; en présence du Chlore, ce corps désorganise la substance, s'empare de son hydrogène et l'acide hydrochlorique formé absorbe l'ammoniaque de l'air.

Dans plusieurs localités du Canton de Vaud on facilite la germination du *Maïs,* en mettant ses graines dans de l'urine, qui par sa décomposition donne de l'ammoniaque. L'on voit aussi les jardiniers étendre du crottin sur les graines qu'ils veulent faire lever promptement; (NOTE *.*) le fumier qu'ils mettent dans les couches agit non seulement par la chaleur développée, mais aussi par l'ammoniaque mis à nud.

Le terreau des forêts entièrement desséché et mis en contact avec l'ammoniaque peut en absorber jusqu'à 72 fois son volume; il est donc éminemment organisé pour l'absorbtion de corps gazeux, aussi est-ce dans ce terrain que la germination s'opère avec le plus de facilité.

Il ne faut pas se figurer que ce principe soit le seul nécessaire au développement des graines; outre la présence de l'air elles ont encore besoin d'une certaine quantité de chaleur; tout comme pour faire éclore les œufs de vers à soie il faut neuf jours de température de 20 à 24°, pour les œufs de poule vingt un jours, pour ceux d'autruche trois mois d'exposition au soleil, de même, la germination de chaque plante demande un minimum de température déterminé.

Lorsque la plante germe, sa radicule suivant les lois de la gravitation universelle, s'enfonce en terre à une certaine profondeur et y reçoit une nourriture moins ammoniacale propre au développement des feuilles; lorsque le sous sol est épuisé, les nouvelles racines se développent horizontalement, se rapprochent du terreau, y trouvent un aliment plus azoté et la plante se prépare à fleurir; dans les plantes annuelles, il se fait immédiatement des dépots de nourriture charbonnée, (amidon, sucre, gomme) qui sont utilisés, pour la formation de la fleur au moment où la sève ammoniacale arrive, c'est pour cette raison qu'elles fatiguent beaucoup le sol étant obligées de tout retirer dans une année au moyen de leurs nombreuses racines.

La sève du mois d'aout est plutôt chargée de principes charbonnés, elle sert à déposer dans le végétal arborescent, le ligneux, l'amidon. L'eau à l'état physique est remplacée par des matières amylacées, ligneuses, l'on dit alors que le bois s'aoute.

Lorsque, le printems suivant, la chaleur agit sur les bourgeons, le travail chimique peut s'effectuer et les racines reçoivent en même tems la propriété d'absorber le liquide environnant; la chaleur du sol y entre pour peu de chose.

J'ai observé à Vevey une treille plantée dans une orangerie, ses rameaux étaient palissés extérieurement, ils ne développaient pas leurs bourgeons plutôt que les ceps plantés dans les vignes : d'un autre côté j'ai vu à Lausanne une treille plantée en plein air, mais dont les rameaux avaient été conduits dans une orangerie ; sa végétation était beaucoup plus hâtive que celle des vignes voisines, quoique ses racines et sa tige ne fussent pas exposées à la température plus élevée de la serre.

L'on dirait que c'est aussi l'ammoniaque de la sève qui réagissant chimiquement sur les parties amylacées déposées dans les bourgeons, leur communique la première impulsion de vie, tout en rendant solubles les matières qui doivent servir au développement des feuilles ou des fleurs.

Si l'on observe attentivement la greffe en écusson sous le rapport de la soudure des parties, l'on voit se développer en rayonnant autour de la face intérieure de l'œil un réseau de matière ligneuse qui finit par s'anastomoser avec le bois du sujet ; ce n'est ni par le haut, ni par le bas, ni par les côtés que l'écusson s'unit immédiatement; le contact intime des deux libers est même une chose indifférente. Serait-ce aussi à l'action chimique de la sève sur le petit dépôt de nourriture placé à l'intérieur de l'œil qu'est dû le premier développement du bourgeon ? Du moins les greffes privées de ce dépôt ne réussissent pas.

Lorsque l'accumulation de la substance amylacée peut se faire de bonne heure et que la température continue à être élevée en même temps qu'une certaine humidité est répandue dans le sol, l'on voit alors les arbres refleurir; c'est ce que l'on observe dans les années chaudes pour le *Maronnier d'Inde*, le *Pommier*, le *Lilas*, les *Rosiers* et autres plantes printanières.

Il est des plantes, comme l'*Hepatica triloba*, l'*Abricotier*, le *Pécher*, l'*Amandier* etc. etc., où la sève donne immédiatement naissance aux fleurs, sans autre élaboration que l'acte vital de la plante, sans que la lumière puisse agir par l'intermédiaire des stomates, ces organes n'existant pas dans les fleurs ; ces végétaux aiment les terreaux riches en humus, fleurissent de très bonne heure au moment où l'humus est le plus saturé de corps gazeux. Les *Rosacées* les *Renonculacées*, les *Liliacées*, sont en général dans ce cas.

Cette sève ammoniacale vient donc former les divers verticilles de la fleur. Le pistil en reçoit d'abord le moins et les étamines le plus; le pollen, corps des plus azoté, pénétrant dans le stygmate y produit une chaleur qui dans certaines plantes atteint une température de 44° et même 49° l'air extérieur étant 19°, (expérience de MM. Hubert et Bory sur l'*Arum cordifolium* de l'Ile de France. (²).)

Or il n'y a point de chaleur développée sans action physique ou chimique et il est probable que c'est la décomposition chimique du pollen qui donne lieu à cette chaleur, *et que le mouvement de vie inorganique communique la vie à la matière organique.* (⁵.)

Une fois la vie appelée sur ce point, il devient le centre, où l'on voit confluer tous les sucs, la graine n'étant autre chose qu'un bourgeon entouré ordinairement d'un dépôt de nourriture amylacée, *albumen,* (substance la moins putrescible, mais pouvant devenir soluble ensuite d'une action chimique).

Les fruits renferment une ou plusieurs graines avec leurs enveloppes. Lorsqu'ils ont été développés dans un terrain gras et fumé, ils contiennent une plus forte proportion d'ammoniaque. Le froment peut renfermer de 12° à 35° de gluten. (⁴.) Dans les vignes fumées où les raisins reçoivent davantage de principe azoté, ils pourrissent plus facilement. Le vin est aussi plus délicat.

Le but de la fructification est donc d'entourer un petit nombre de bourgeons de la plus grande quantité de nourriture.

Un grand nombre d'insectes, (le genre *Cynips* est le plus connu), en piquant les feuilles pour y déposer leurs œufs, introduisent en même temps une matière liquide animale qui, par la même raison que nous avons vue plus haut, appelle les sucs et produit ces excroissances, ayant toute l'apparence de fruits; les feuilles de *Chêne,* de *Charme,* de *Hêtre,* de *Tilleul,* de *Saule,* nous en offrent souvent des exemples. La caprification des *Figuiers*, et la prompte maturation des fruits verreux reposent sur le même principe.

L'ammoniaque peut aussi se combiner avec les substances organiques formées par l'action des stomates et de la lumière solaire ; ces combinaisons se rencontrent dans toutes les parties du végétal ; les feuilles sont nutritives, quand elles contiennent de la *fibrine*, de la *caseine* et de l'*albumine* végétale, comme dans les plantes potagères et fouragères, elles ne le sont pas lorsqu'elles fixent un *alkaloide* ou tout autre corps impropre à la nutrition.

La quantité d'ammoniaque nécessaire à une plante varie fort peu dans la nature. Chaque espèce ne peut se rencontrer que dans la station azotée qui lui convient ; si elle n'a pas assez d'ammoniaque, elle se développe mal ou ne se développe pas ; si elle en a trop, elle périt.

Les *Bruyères*, les *Rhododendron*, les *Calcéolaires* et en général la majeure partie des plantes de terre de bruyère périssent immédiatement, si on leur donne un engrais animal ; la même chose arrive aux *Conifères*. Le grand talent du jardinier est d'étudier la nature et de l'imiter.

Par une distribution providentielle, c'est au printemps que la plupart des mammifères herbivores mettent bas, c'est à cette époque que leur nourriture est la plus azotée et qu'elle donne le plus de lait. Les insectes herbivores éclosent aussi à cette époque en grandes masses, les feuilles étant peu développées contiennent une plus forte proportion de matière ammoniacale, ce qui, joint à une certaine délicatesse, permet aux insectes de les mâcher.

Les débris de l'ébourgeonnement de la vigne donnés aux vaches au printemps, produisent plus de lait et un lait plus gras et plus nutritif que les débris de l'épamprement que l'on enlève six semaines plus tard au sommet de la branche ; cependant ces derniers produits sont moins aqueux et plus riches en matières charbonnées, mais à cette époque la majeure partie de l'ammoniaque du sol a déjà été employée pour le développement de la jeune pousse et de la fleur.

La quantité d'ammoniaque que le terreau peut fixer n'est pas en entier utilisée par les arbres des forêts; la partie superficielle surtout, est rarement assez humide pour que leurs racines puissent s'y développer ; aussi, lorsqu'une pluie d'orage vient ramener avec l'humidité une nouvelle dose de ce corps gazeux, nous voyons sortir instantanément une masse de champignons variant suivant l'espèce des arbres, leur hauteur, la profondeur du terreau, et sa nature ; telle espèce se trouve sur le gazon, une autre dans la mousse, dans le bois pourri etc·

Toutes ces circonstances sont encore modifiées par la quantité de lumière, de chaleur et d'humidité. Les champignons se développent toujours en présence d'une forte proportion d'ammoniaque et comme ils n'ont point de stomates, la lumière ne peut y former aucune combinaison nouvelle; les sucs ne subissent d'autre élaboration que celle de l'acte vital de la plante, ayant la même origine que les parties florales, nous les trouverons ornés des mêmes couleurs, mais jamais verts, comme les feuilles. Le vert est très rare dans les champignons, quelques agarics ont cette couleur extérieurement : l'*Agaricus psitacinus,* Ag. *œruginosus* Ag. *anisatus,* Ag. *phalloides,* var. *viridis, Peziza œruginosa.* Aucune de ces plantes n'est d'un vert prononcé; mais nous ne connaissons pas d'espèce colorée de cette maniere intérieurement. Se rapprochant des substances animales, par leur composition, ils ont aussi des propriétés analogues.

Certains Champignons ne se développent qu'en présence de débris organiques animaux; ainsi la *Sphaeria militaris,* sur les hannetons ; le *Sporendonemar casei,* sur le fromage, le *Rhizomorpha fusca,* dans les fosses de tanneurs; l'*Onigena equina,* sur les bottes de chevaux.

Avant de quitter les champignons nous rappellerons ce fait remarquable, c'est que jamais on n'a pu multiplier ces végétaux au moyen de leurs

graines. La multiplication de l'*Agaricus campestris*
au moyen du blanc est considéré comme un bou-
turage; on peut même l'obtenir simplement avec
le fumier et un mélange azoté. (⁵.)

Ces végétaux se multiplient-ils de graines ? ou
bien se forment-ils lorsque les circonstances am-
moniacales le permettent ?

La plupart des eaux thermales contiennent une
certaine quantité de principe azoté, aussi observe-
t-on à l'endroit où elles arrivent au contact de
l'air, qu'elles donnent naissance à un principe
organique végéto-animal; à Plombières se trouve
l'*Oscillatoria Mougeotii*, j'ai retrouvé la même
espèce à Baden Baden et à Aix en Savoie. Chaque
eau suivant sa température et les proportions de
principe azoté, donne naissance à un corps organique déterminé, la Barégine est du nombre.
Mais *des eaux distillées de fleurs* nous présentent
souvent dans les pharmacies un phénomène sem-
blable suivant la fleur employée; il s'y développe
des végétations, avec des caractères et une couleur
particulière.

Les solutions ferrugineuses donnent aussi naissance
à des organisations dont la plus remarquable est
le *Mycroderma atramenti*, qui se développe dans
l'encre qui a absorbé le carbonate d'ammoniaque
de l'air.

Les solutions des sels alumineux, surtout ceux dans lesquels l'ammoniaque entre comme l'une des bases donnent très facilement naissance à des organisations végéto-animales; j'en ai encore observé une ce printemps dans un gargarisme d'alun, de miel rosat et d'eau.

Enfin à la surface de toutes *les eaux tranquilles* contenant une matière organique quelconque en dissolution, soit dans les lacs, lés étangs, les mares, en présence de la lumière directe ou de la lumière diffuse et d'une température plus ou moins élevée, nous voyons se développer différentes espèces d'Algues et d'oscillatoires. Les espèces vasculaires peuvent supporter une beaucoup plus grande variation dans les circonstances extérieures; tandis que ponr les organisations dont nous venons de parler, la plus légère modification soit dans la température, la lumière, l'humidité, etc ne permet pas leur développement ou les détruit instantanément.

Les deux régions extrêmes sont les oscillatoires observés par M. de Candolle dans les eaux de Barège sous l'influence d'une température voisine de l'eau bouillante, et les organisations de la neige rouge, qui se développent à une température voisine de Zéro.

Si l'ammoniaque joue un rôle générateur, il joue aussi un rôle destructeur, car de tous les agents répandus dans l'atmosphère, c'est lui dont l'action est la plus puissante, il désorganise tous les corps. Ses propriétés dissolvantes s'étendent même sur des pierres, et c'est probablement lui qui dissout et désagrège les roches les plus dures, et permet de cette manière aux diverses végétations de s'y fixer ; c'est ce que nous voyons sur les marbres polis : il pénètre lentement les mortiers de nos murs, et formant des combinaisons solubles, il leur ôte toute cohérence; c'est pour cette raison que l'on ne devrait employer que des sables bien lavés, car s'ils contiennent de l'alumine, il y a absorption d'ammoniaque, formation de nitrate de chaux, et le mur est vîte détruit, d'autant plus qu'il vient s'y joindre d'autres propriétés désagrégentes de l'alumine : ce qui se fait à petit dans nos murs, se fait en grand dans la nature et c'est ainsi que les roches les plus dures se sont converties lentement en terre.

L'ammoniaque se forme au moment de la décomposition des corps organiques et facilite leur destruction ; en même temps il se combine avec une partie de leurs élémens organiques pour donner naissance à de nouveaux êtres. Les larves qui se développent dans les corps morts au moment où aucune mouche ne se trouve dans l'atmosphère, et les insectes qui ne se trouvent que sur certaines espèces de corps en décomposition pourraient avoir une origine analogue à celle des champignons des Algues ; *on dirait une génération spontanée*, nous ne savons à quelle classe d'êtres on doit restreindre ce sytème de multiplication ; les *végétaux cellulaires*, les *zoophytes* nous en offrent de fréquents exemples, nous voyons même de nouvelles espèces d'êtres se former journellement.

Le *Sporendonema Casei* et les *Cirons* n'existent que depuis que l'on fait du fromage. Il en est de même de diverses espèces de *Mycroderma*, des organisations observées dans les eaux distillées de fleurs etc.

Si l'ammoniaque répandu aujourd'hui dans l'atmosphère (qui en renferme à peine un millionième) peut avoir une action aussi puissante, notre imagination arrivera insensiblement à se rendre compte des ces végétations prodigieuses dont nous trouvons les traces dans les houillières, de cette masse d'animaux pétrifiés, dont les débris existent en si grande quantité dans quelques parties de la croûte de notre globe, à une époque, où une plus petite surface était soumise à l'action de cet agent et où le terreau, la terre meuble les roches elles-mêmes, n'en avaient pas fixé une bonne partie.

Il a dû en être de même de l'acide carbonique. Il paraitrait qu'une certaine masse de ces deux corps gazeux a été créée en même temps que les autres principes élémentaires de notre globe et que leur proportion est la même aujourd'hui.

QUELQUES FAITS COMME APPLICATION.

1. La germination de *l'orge* pour la fabrication de la bière, nous donne un exemple de ce qui doit avoir lieu dans la plupart des graines amylacées. On le met d'abord tremper pour ramollir ses enveloppes et les imprégner d'humidité, ainsi que le reste de la graine ; on l'étend ensuite par couches minces dans une cave ou chambre humide dont la température est déterminée ; la décomposition du gluten a lieu en présence de ces circonstances, de l'action de l'air et des principes qu'il contient : La germination commence et l'art du brasseur consiste à mener également toute la masse et à arrêter le travail au moment où il s'est formé la plus grande somme de produits solubles et surtout sucrés. Proust a prouvé par l'analyse que le gluten était en plus petite quantité dans l'orge germé que dans celui qui ne l'était pas ; il a aussi rencontré dans le premier une plus grande somme de principes solubles.

L'opération doit avoir lieu à l'abri de la lumière, (cependant M. de Saussure a reconnu qu'elle pouvait s'effectuer sous l'influence des rayons chimiques, le bleu l'indigo et le violet) ; parce que ce n'est que dans ces circonstances que l'ammoniaque nécessaire à la germination peut se former, ce sera probablement à l'action chimique de l'ammoniaque, soit de l'air, soit de celui qui se forme par la décomposition du gluten, que nous devons attribuer le premier mouvement de vie.

Dans les graines huileuses, l'ammoniaque facilitera l'oxidation des huiles, et ce sera peut-être cette opération chimique qui donnera la première impulsion.

2. La végétation du printemps est beaucoup plus remarquable que celle de l'été sous le rapport de la grandeur de la corolle et du nombre des fleurs : les prairies sont émaillées de fleurs ; c'est aussi à cette époque que la plus grande quantité d'ammoniaque se trouve dans le sol, accumulé pendant l'hiver dans le terreau, et ce sont plus particulièrement les plantes à racines superficielles et traçantes que nous voyons avoir les corolles les plus développées, et le plus de fleurs. Les *Primevères*, les *Violettes*, les *Renoncules*, les *Jacynthes*, les *Tulipes*, les *Potentilles*, les *Myosotis*, et en fait d'arbres les *Cerisiers*, *Pruniers*, *Abricotiers*, *Pommiers*.

3. Les mêmes circonstances se retrouvent dans la région alpine : c'est un printemps continuel.

La majeure partie du sol de cette localité est un terreau très riche. Pendant l'hiver les neiges y accumulent une certaine quantité d'ammoniaque en même temps qu'elles préservent ces plantes du froid qu'elles redoutent beaucoup ; ces neiges ne fondent que lentement et seulement lorsque la végétation peut se développer sans crainte de retour de froid. Ce développement a lieu en présence de principes azotés, renfermés dans le terreau, dans l'eau de neige et dans l'atmosphère où cette dernière peut encore puiser ; c'est dans ces stations, que nous trouvons les organes floraux proportionnellement les plus développés. Les *Gentianées*, les *Rosacées*, les *Renonculacées*, les *Primulacées*, les *Violacées* nous en offrent des exemples nombreux. La masse de lumière qu'elles reçoivent vient encore raviver leurs couleurs.

L'on pourrait croire que c'est la pression atmosphérique qui agit sur les plantes de cette station et influe sur leurs proportions ; mais les plantes alpines cultivées dans la plaine avec les soins qu'elles demandent, y conservent leur même forme : il n'y a que la couleur qui soit modifiée.

Lorsqu'on veut les cultiver, on doit les mettre en terre de bruyère et les recouvrir de neige pendant l'hiver : Le *Rhododendron* soigné de cette manière réussit très bien, ce sont les gelées du printemps qui le tue le plus souvent.

Les mêmes espèces, qui se trouvent dans la plaine et dans les Alpes, nous offrent dans la dernière région des variétés à organes floraux beaucoup plus grands. Les *Dahlias* cultivés avec les mêmes soins dans les sous alpes, ont la fleur plus grande que celle des mêmes variétés, cultivées dans la plaine.

Les abondantes rosées, les brouillards viennent encore favoriser cette région ; ils agissent spécialement dans les localités alpines, non dominées par les neiges éternelles.

4. Nous avons vu les arbres développant leurs racines perpendiculairement aussi longtemps qu'ils trouvent de la nourriture et l'influence de la chaleur ; à cette profondeur il existe une plus grande proportion d'acide carbonique qui ne donne que des parties ligneuses et feuillues ; petit a petit il se forme à la surface une couche de débris organiques, capables de se charger de principes ammoniacaux, et lorsque les racines ont épuisé le sous sol, elles se développent horizontalement, se rapprochent du terreau, et y trouvant une nourriture plus azotée, les arbres se mettent alors à fleurir ; ils ont acquis une certaine solidité, qui ne facilite pas le développement de la partie ligneuse, mais le dépôt de la matière nutritive. Les plantes fleurissent l'automne, lorsque la proportion de matière nutritive a pu se

déposer assez à temps pour utiliser l'ammoniaque de cette saison, que les rosées doivent emmener en quantité. Les *Salvia spléndens*, les *Chrysanthemum Indicum* sont magnifiques, au moment où les gelées arrivent.

5. Lorsqu'un espalier est trop vigoureux, il envoie ses racines trop profondément en terre ; si l'on coupe ces fortes racines, il s'en formera de nouvelles superficielles, qui jouiront de l'influence de l'atmosphère, et l'arbre donnera promptement des fleurs et des fruits.

Les arbres dont on coupe le pivot se mettent beaucoup plus vîte à porter des fruits.

Les baliveaux laissés dans les fôrets étonnent souvent par la quantité de leurs fleurs et de leurs fruits.

6. Qui n'a pas été frappé de voir les arbres fruitiers, situés aux bords des routes, fleurir beaucoup plus que les autres ? Les émanations organiques, les débris azotés, qui arrivent avec la poussière en sont la seule cause.

7. Lorsque l'on retourne un vieux gazon pour le planter en vigne, et qu'on le met au fond du fossé, la plantation qui en résulte donne tout en bois et en feuilles, et peu en fleurs et en fruits. Si au contraire on met le gazon de côté, et qu'on l'enterre à la surface du sol, lorsqu'il sera devenu terreau on aura une vigne portant des fleurs et des fruits comme à l'ordinaire.

8. Les arbres au pied desquels on cultive le sainfoin et l'esparcette ne fleurissent pas, car outre que ces herbes sont très-avides de carbone, elles fixent beaucoup de principes azotés à l'état de fibrine cascine et albumine.

9. Les foins (récolte du printemps) sont plus nutritifs à poids égal que les regains (récolte d'été). On dit ces derniers plus échauffants ; c'est probablement parce qu'ils sont plus indigestes.

10. Les plantes qu'on cultive en vase fleurissent plus facilement que celles qu'on abandonne en pleine terre ; leurs racines devenant plus vîte superficielles , en même temps que la température se trouve plus élevée.

11. Les plantes fleurissent plus facilement dans la terre de bruyère ou le terreau, que dans toute autre terre ; elles y donnent des fleurs plus belles , et en plus grand nombre.

12. Les fleurs doubles ne se développent et ne se maintiennent que dans les terreaux riches. — Les légumineuses ont rarement des fleurs doubles; lorsque le terreau leur fournit beaucoup de principes azotés elles le fixent dans leurs feuilles qui abondent en principes analogues ; je n'ai vu que l'*Ajonc*, *Ulex europens* et le *genet*, *spartium junceum* avec des fleurs doubles; mais on sait que dans ces plantes les feuilles sont peu développées.

13. Dans les fôrets vierges du Brésil où le terreau

atteint quelque fois une profondeur de 40 pieds, l'on conçoit ces productions rapides, ces *lianes*, à racines traçantes ou fibreuses, donnant au bout de peu de temps ces riches végétations de *Passi-flores* d'*Aristoloches*, ces *Myrtacées*, ces *Mélastomacées*, ces *Orchidées*, cette grande variété de *Légumineuses*, ces *Champignons* de grosseur monstrueuse.

14. Les vraies parasites (*la Cuscute*) préfèrent les plantes riches en principes azotés, les *trèfles*, le *sainfoin*, les *orties*.

Il est aussi des parasites dans les régions des tropiques qui tirent directement de l'air la nourriture propre à leur développement ; ce sont principalement des *Orchidées*, des *Epidendron*, des *Colax*; l'on a cru que ces plantes absorbaient par les feuilles les principes gazeux; cela me parait peu probable, ces organes sont munis de stomates, qui jouent un rôle excréteur et non absorbant. Il n'y a d'organes absorbants que les spongioles et le stygmate, aussi ces plantes sont elles douées de racines, elles ne se développent que dans les stations chaudes, humides et ombrées, et comme ces racines sont éminemment superficielles, nous ne devons pas nous étonner que ces végétations se fassent remarquer par la beauté de leurs fleurs. (⁶).

15. Les *Solanées* et *Cucurbitacées*, ne se développent que dans les décombres animalisés des régions un peu chaudes et humides; on n'en

trouve point dans les régions alpines, le *Verbascum nigrum* se trouve encore à une hauteur de 4000 pieds entre Guttanen et la Handeck ; c'est la localité au nord la plus élevée où je l'ai rencontré ; c'est aussi la limite de la culture des pommes de terre.

Lorsque nous cultivons ces plantes, nous les fumons beaucoup ; elles fleurissent en été, les sels déliquescents que contiennent les engrais, leur fournissent toujours de l'humidité en même temps que l'humus qui jouit de propriétés analogues.

16. Les *Hortensia* et *Laurier rose* qui fleurissent aussi au milieu de l'été, demandent des arrosements continuels.

17. Les végétations des lacs, les *Potamogeton, Arundo, Chara, Schœnus,* n'ont pas des fleurs bien apparentes; la même chose a lieu près des eaux courantes.

18. Les arbres de cette station ne sont pas remarquables par leurs fleurs *(Salix alba, fragilis, Alnus incana, Fraxinus excelsior.)*

19 Les branches d'arbres de *Cerisier* et de *vigne,* que l'on fait fleurir dans l'eau pendant l'hiver, se développent parceque la température est assez élevée et que l'eau dissout dans l'atmosphère la quantité de matière azotée nécessaire au développement de la fleur ; c'est par la même raison que les *tiges* de *Myosotis* peuvent continuer à fleurir dans une tasse.

19· L'on a l'habitude de mettre les boutures de *Vigne* tremper dans l'eau en attendant de les planter; pendant ce temps non seulement elles se maintiennent vertes, mais encore elles absorbent l'ammoniaque de l'atmosphère par l'intermédiaire de l'eau; aussi les voit-on pousser dès que la température s'élève. Certains arbres, les *Saules,* les *Peupliers,* les *Lauriers-rose* placés dans les mêmes circonstances développent facilement des racines et des feuilles et acquièrent de cette manière une vie qui leur est propre.

20. Les *Jacyntes,* les *Narcisses* et en général les *Oignons* qui fleurissent dans des vases pleins d'eau n'ont besoin pour développer leur fleur que de la quantité d'ammoniaque que le liquide peut enlever à l'air environnant; il vient alors dissoudre et transformer en fleur le dépôt de nourriture préparé l'année précédente.

NOTES.

—

[1] L'année dernière j'ai fait des expériences directes: j'ai recueilli des graines d'érable (*Acer rubrum*) au mois de juin, j'en ai semé une partie en les recouvrant de débris de fumier; elles ont très-bien levé, ce qui n'a pas lieu pour celles semées dans le même terrain, mais sans autre précaution.

M. le ministre Fivaz me demandait un jour comment il devait faire pour avoir certaines solanées, la jusquiame en particulier, qu'il semait toujours sans succès; je lui conseillai d'imiter la nature, d'entourer les graines de principes analogues à ceux qu'elles rencontrent dans les vieilles masures, qu'il devait tenter avec une solution de sel ammoniac; il sema donc plusieurs espèces de solanées en lignes parallèles et les arrosa transversalement avec le liquide dont nous venons de parler; il eut la satisfaction de voir ces graines lever partout où elles avaient rencontré une suffisante portion de l'élément azoté.

[2] La vigne est un exemple de plantes à petites fleurs et à petites étamines fleurissant chez nous à l'époque la plus chaude de l'été. Ces deux dernières années, la floraison a eu lieu par une chaleur de 34° à 40° cent. en pleine vigne. Si la température n'est pas aussi élevée, la corolle a été organisée de manière que ses pétales au lieu de s'épanouir comme à l'ordinaire, restent soudées dans leur partie supérieure, se détachent à leur onglet et forment un petit toit sur les anthères à l'abri duquel la fécondation a lieu. Voilà comment la nature emploie un ensemble de moyens pour arriver à ses fins.

[3] Quels sont les moyens que la nature emploie pour la conservation des espèces et des individus sur la terre?

La Genèse nous apprend que toute création a cessé dès le 6me jour ou la sixième époque; donc l'Etre suprême dans sa sagesse admirable a tout prédisposé pour que les espèces qu'il avait créées dans un but spécial puissent se multiplier et se conserver; nous disons dans un but spécial, car nous voyons les espèces se conserver d'une manière invariable depuis les temps historiques. L'homme, à force de soins et de persévérance, a bien pu les modifier et obtenir les diverses races et variétés, mais du moment où son influence cesse d'agir, tout rentre insensiblement dans l'espèce primitive ; cela a lieu d'autant plus lentement que les modifications agissent depuis un temps plus éloigné ; nous avons l'habitude alors de dire que les races s'abatardissent, expression des plus vicieuses, mais qui est le résultat de notre égoïsme et de notre intérêt.

Tout ayant été créé dans un but spécial, par une conséquence naturelle les mulets qui sont presque toujours le résultat de la volonté de l'homme, soit dans le règne végétal soit dans le règne animal, doivent être inféconds ; aussi est-il bien rare, si toutefois on peut en citer des exemples positifs, de voir ces êtres se multiplier, et que seraient devenues les diverses espèces sur notre globe, si le Créateur ne les avait pas douées de l'instinct de leur conservation, que souvent l'on ne peut vaincre, malgré toutes les ruses que l'on voit employer.

On a l'habitude de dire, *omne vivum ex ovo ;* mais l'œuf n'a pas toujours été œuf, il a eu son commencement. Aussi les naturalistes qui ont essayé de se rendre compte du secret le plus merveilleux de la nature, ont cherché à le pénétrer par leurs ingénieuses suppositions.

L'hypothèse de Bonnet est celle qui a réuni le plus de sectateurs ; il suppose que les rudimens ou germes de tous les êtres ont été créés à la fois, qu'ils existaient dans la première plante emboités les uns dans les autres, que jusqu'à ce jour ils se sont déboités et qu'ils continueront ainsi jusqu'à la fin des siècles. Cette manière de voir lui a servi à expliquer bon nombre de phénomènes, en particulier la multiplication des plantes qui n'ont aucune apparence d'organe floral, comme l'*hydrodyction utriculatum*, végétation qui ressemble assez à un réseau de gaze ; il se multiplie sans aucun rapprochement d'un autre être, à une certaine époque les mailles du réseau se rompent, et il en sort de nouveaux individus.

Mais ces germes, quelque petits qu'ils soient, doivent avoir une grosseur, et quand nous voyons dans une année une seule plante de tabac donner 50,000 graines, une perche produire 260,000 œufs, et que nous pensons que ces être existent depuis des mille ans et qu'ils continueront encore pendant des siècles à produire régulièrement leurs œufs, nous ne pouvons nous représenter cette masse de germes invisibles, formés cependant chacun d'un certain nombre de particules ayant chacun une grosseur, infiniment petite il est vrai.

Jamais le microscope n'a pu faire découvrir cette série de boîtes à savonettes (qu'on me pardonne cette expression), qui aurait dû se presenter vu la grande perfection de nos instrumens.

Notre imagination, quoique assez complaisante, ne peut comprendre comment les graines microscopiques de la plupart des champignons peuvent renfermer les germes de quelques milliers de générations et de millions de millions d'individus.

Les circonstances se présentent quelquefois comme si tous les êtres et toutes leurs parties n'étaient que des assemblages de germes qui n'attendent que le moment de se développer; combien d'espèces de cryptogames n'obseve-t-on pas sur les feuilles et sur le bois de chêne?

Voyons ce que la chimie nous fait connaître de la distribution des particules dans les corps inorganiques; elle nous apprend que chaque corps à l'état rudimentaire est composé d'un nombre déterminé d'atômes (qui ne sont pas divisibles à l'infini), qui ont chacun dans leur espèce un volume déterminé; il est probable que c'est à cet état qu'ils se réunissent pour former les particules rudimentaires de tous les corps composés. Ils peuvent encore varier sous le rapport de la position de ces parties.

Un atôme d'oxigène s'unit à deux atômes d'hydrogène pour former l'eau, le germe de cette eau n'a pas existé de toute éternité, *mais ce corps se forme toutes les fois que les élémens chimiques se rencontrent entourés des circonstances propres à leur combinaison.*

L'ordre et l'harmonie qui dirigent tout l'ensemble de cet univers nous font penser *que les corps organiques doivent être soumis aux mêmes lois générales que les corps inorganiques.* Les premiers ayant des organes qui ne peuvent remplir leurs fonctions que lorsqu'ils sont arrivés à leur état de perfection; il faudra donc de plus, pour les corps organisés, les circonstances propres à leur développement.

On viendra sans doute nous objecter que les minéraux ne vivent pas, que pour qu'un être vive, il faut qu'il naisse, qu'il se développe et qu'il meure; mais tout cela se rencontre dans le règne inorganique, seulement les périodes ne sont pas dans une proportion comparable à celle des êtres organisés. — Les minéraux sont nés et développés au moment où leurs molécules se sont juxtaposées, la combinaison est toujours accompagnée de lumière ou de chaleur et d'électricité; ils vivent pendant un temps très-long, ils meurent lorsque les circonstances qui désagrégent tous les corps viennent à les atteindre. Ils peuvent vivre pendant des milliers de siècles; mais ce temps est-il long si on le compare à l'éternité ; il est long pour nous, habitués que nous sommes à tout mesurer à notre petite échelle.

Reprenons ces idées d'emboîtement et étudions l'arrangement des particules rudimentaires : un certain nombre d'atômes, groupés d'une certaine manière, doivent former le noyau, soit le dernier être de l'espèce, le terme de l'emboîtement ; autour de ce noyau se trouveraient les éléments de l'avant-dernier être et ainsi de suite jusqu'à celui qui vit aujourd'hui sous nos yeux. Arrêtons-nous un moment à l'avant-dernier être, à celui qui emboîte le noyau ; les atômes n'y peuvent plus être groupés comme dans le premier. Prenons 6 billes de billard et supposons qu'elles représentent les élémens rudimentaires, le noyau d'un être organisé ; il nous sera impossible d'arranger 6 nouvelles billes de manière à ce qu'elles soient dans les mêmes positions relatives que celles qui forment le noyau et qu'en même temps elles l'emboîtent ; cela nous paraît absurde. Cette manière de voir nous conduit à une autre idée qui ne l'est pas moins ; nous avons déjà vu que nos connaissances en chimie tendant à nous faire admettre les atômes d'un volume déterminé ; les germes, vu leur extrême petitesse, ne devraient être formés que de ces matériaux, par cette raison ils seraient tous égaux et dans ce cas l'emboîtement est impossible, car le contenu ne peut être de la même grosseur que le contenant, à plus forte raison nous ne pourrons pas nous représenter des milliers de germes emboîtés les uns dans les autres.

Les expériences de Hubert et Bory sur l'*Arùm cordifolium* dans la fleur, duquel on voit la température s'élever à la suite de la fécondation à 44° et même 49°, l'air extérieur étant 19°, des observations analogues faites par Lammarque et de Candolle sur d'autres espèces d'*Arum* nous montreraient l'analogie entre les corps inorganiques et les corps organisés, des phénomènes analogues apparaîtraient au moment où la combinaison chimique aurait lieu, mais pour les corps organisés, ils auraient la *propriété de conserver le mouvement de vie inorganique qui leur a été communiqué.*

Les corps fécondants sont toujours riches en ammoniaque qui préside à la première formation des corps organisés que l'on retrouve partout où la vie doit commencer ; il paraît être le premier agent de la vitalité soit dans le règne animal, soit dans le règne végétal.

Je ne puis me représenter les diverses espèces d'animaux commençant par l'état d'animalcules spermatiques. La fécondation étant le résultat de la décomposition du sperme et de son action sur tous les corps élémentaires qui se trouvent en présence, c'est en même temps une station où nous trouvons ces animalcules, comme nous en trouvons dans la chair, le foie, les intestins de divers animaux, le cerveau des moutons, etc. etc. Ces êtres n'ont aucun rapport direct avec le nouvel être ; il est assez probable qu'ils se développent en suite d'une première décomposition du sperme et en présence des circonstances nécessaires à leur vie.

Nous serions tenté de croire que chaque fécondation a pour but de mettre en présence les élémens chimiques nécessaires à la formation du nouvel être en même temps que l'acte vital entoure ce dernier des circonstances propres à son développement.

Certains corps organiques qui pourraient puiser directement dans les corps environnans les élémens nécessaires à leur développement, se développeront sans fécondation, et nous avons beaucoup de raison de croire que ce mode de multiplication se retrouve souvent dans les végétaux cellulaires, les champignons, les algues ; nous ne lui donnerons pas de noms nouveaux, surtout pas celui d'*organisation spontanée*, ce qui en ferait un cas exceptionnel, c'est une organisation analogue à celle qui a lieu lors de leur fécondation, avec cette différence que la nature n'a pas, comme dans la graine, entouré le nouveau germe d'un dépôt de nourriture nécessaire à son premier développement ; il la prend directement dans le milieu environnant.

Nous nous résumerons donc en disant :

Que la fécondation est un acte qui met en présence les élémens nécessaires à la formation d'un nouvel-être : que l'emboîtement des germes est chimiquement, physiquement et mathématiquement impossible.

La fécondation est particulière aux êtres organisés ; elle est suivie d'une opération chimique avec dégagement de chaleur ; elle n'a lieu que sous l'influence d'une température déterminée.

La copulation est un acte physique destiné à appeler le sang dans certaine région, à élever momentanément la température de ces organes pour que la sécrétion ait lieu ; cette sécrétion ne pouvant s'effectuer que sous l'influence d'une température un peu plus élevée que celle qui est ordinaire aux diverses espèces d'animaux.

Il nous reste un mot à dire sur les corps organisés ; il nous semblerait que ces corps sont formés d'élémens pondérables et d'élémens impondérables ; mais ces derniers dans une proportion plus grande que dans les corps brutes. Si nous brûlons un morceau de bois, il y a dégagement de lumière, de chaleur, etc. ; mais toutes les fois qu'un corps solide passe à l'état liquide, et à plus forte raison à l'état gazeux, il prend aux corps environnans une certaine quantité de calorique; dans ce cas, au contraire, à ce qu'il me semble, il en met à nu des masses ; ce calorique devait être donc combiné avec le bois et y rester sous forme d'attente jusqu'au moment où il retourne à l'état inorganique soit par une combustion lente, soit par une combustion vive. Ce qui donnerait un certain poids à cette manière de voir, c'est l'étude que j'ai faite des phénomènes de la végétation : telle plante a besoin d'une température déterminée pour germer, développer ses feuilles, ses fleurs et mûrir ses fruits ; si cette température ne se rencontre pas dans l'atmosphère, ces phénomènes ne peuvent avoir lieu ; c'est ce que nous avons vu cette année plus particulièrement. On dirait alors que l'acte vital organique est caractérisé par l'absorbtion et la fixation de ces corps impondérables en plus forte proportion.

Les animaux et l'homme en particulier sont un peu plus indépendans que les végétaux ; au moyen de la combustion du carbone, ils peuvent maintenir un certain degré de chaleur dans leur économie pour l'accomplissement de leurs fonctions.

[4] Les recherches de **M. Liebig** nous prouvent que le *gluten* est un mélange de *fibrine*, *albumine* et *caseine* végétale. Ces principes, élaborés par les feuilles, doivent naturellement se trouver en plus forte proportion dans les terrains où l'homme a accumulé des débris organiques animaux.

Pour la vigne, c'est la même chose ; le *ferment* est analogue au gluten, et la *lie* n'est que le ferment déposé ensuite de son insolubilité dans le vin, et un mélange aussi des trois principes dont nous venons de parler ; ce n'est pas sans raison qu'elle est recherchée pour la nourriture d'animaux que l'on veut faire croître rapidement, car elles contient tous les élémens de la chair en forte proportion.

Le fumier n'augmente pas beaucoup la quantité du fourage, il facilite le développement des plantes riches en principes azotés, qui alors détruisent celles qui, ne pouvant les supporter, sont devenues plus faibles par la présence des engrais.

Le *Bromus erectus*, essence de nos prés maigres, est tué par les engrais, qui facilitent le développement des graines des *Avena elatior* et *flavescens*, *Bromus squarrosus etc.*, qui demandent une plus forte proportion de principes azotés : je reviendrai sur ce sujet dans un autre travail.

[5] Nous extrayons de l'*Annuaire du bon Jardinier* de 1840, pag. 212, le procédé suivant :

Pour se procurer des champignons, *Agaricus campestris*, il faut faire une provision de fumier de cheval, de mulet ou d'âne, neuf, court, rempli de crottins : le mettre à l'abri des pluies l'espace d'un mois, et lorsqu'il est un peu moisi, former de ce fumier une couche à la hauteur de 2 pieds et demie, large de 5, prenant soin de la bien piétiner en la dressant en forme de dos d'âne. Six ou huit jours après on distribue sur cette couche, de pied en pied, une forte pincée de sel ammoniac et du son de froment, qu'on couvre aussitôt d'un pouce de crottin de fumier ; on laisse la couche en cet état l'espace de 15 jours, après quoi on emploie du vieux terreau ou une bonne terre pour couvrir ou gôbeter la superficie de la couche, à l'épaisseur de 2 pouces seulement. Huit jours après on la charge de 5 pouces de grande litière pour couverture ; on laisse ensuite la couche tranquille jusqu'au moment que les champignons se montrent, ce qui demande 2 ou 5 mois d'attente ; alors on fait la visite tous les 2 ou 5 jours, pour cueillir ceux de grosseur convenable. Toutes les fois qu'on cueille des champignons, il faut avoir attention de remettre la litière au même état, donner une petite bassinure d'eau sur la litière, si elle se trouve sèche faute de pluie, ou si le temps n'y est pas disposé, parce qu'il faut nécessairement que le dessus de la couche, qui s'appelle, en terme de jardinage, gobeture, soit toujours humide. Ces sortes de couches produisent pour l'ordinaire 2 ou 3 mois.

Nous ferons observer que d'autres procédés sont recommandés avec des mélanges d'urine, de lisier ou purain ; nous avons préféré donner celui-ci où l'on emploie plus directement un sel ammoniac qui est le terme de décomposition des corps dont nous venons de parler.

⁶ L'on cite toujours les *Cactus* comme des plantes qui peuvent vivre uniquement par l'absorption des principes de l'air au moyen de leurs tiges foliacées. Je cultive plusieurs cactus, j'ai remarqué que ces plantes poussent leurs rameaux pendant une époque pluvieuse et ordinairement elles n'ont qu'une végétation par an. L'année dernière j'oubliai, pendant un mois, deux *cactus ackermanni* sur une fenêtre, où ils ne recevaient pas beaucoup de soleil ; ils ne reçurent aucun arrosement naturel ni artificiel, ils étaient donc bien placés pour vivre uniquement par leurs pores ; cependant il ne se développa point de nouveaux rameaux ; j'observai seulement qu'autour des nœuds des anciennes tiges il sortait une quantité de petites racines blanches, une espèce d'instinct poussait la plante à chercher dans l'air la nourriture que le sol lui refusait ; mais c'était comme à l'ordinaire au moyen de racines. Ces cactus arrosés ont poussé leurs nouvelles tiges et leurs racines caulinaires ont séché.

L'hiver dernier, j'ai abandonné ces mêmes plantes grasses dans un appartement assez sec où il ne gelait pas, mais ils n'ont pas reçu une goutte d'eau jusqu'au mois de mai ; leurs tiges étaient parfaitement vertes et n'avaient nullement souffert. Mais malgré mes arrosemens et mes soins, je n'ai pu les mettre en végétation, leurs racines avaient séché ; ce dont je me suis assuré plus tard, ils avaient perdu le seul moyen d'amener des principes nutritifs ou végétal.

J'ai fait des boutures avec les branches de ces cactus et elles ont bien repris ; donc la tige était en bon état.

Une expérience a été faite par W. Magnab sur le *ficus australis* qu'il fit vivre dans une serre humide en détruisant ses racines naturelles, en le forçant d'en pousser de caulinaires. M. Liebig la rapporte dans son ouvrage de physiologie appliquée à l'agriculture, page 207, et ce fait vient à l'appui de notre manière de voir. Il en est de même des cultures de certaines plantes dans le charbon, ce corps qui attire si facilement l'humidité de l'air, la cède aux plantes pour s'en saturer de nouveau. A plus forte raison les plantes délicates à grandes corolles y réussiront très-bien vu la présence de l'ammoniaque que le même corps absorbe avec la même facilité ; cette station diffère fort peu du bon terreau des forêts. Le même auteur, page 220, n° 151, dit que *l'acide carbonique du sol n'est pas indispensable pour l'accroissement des plantes, pas même pour leur floraison et leur fructification :* et il cite à l'appui des pieds de fève plantés dans du quartz calciné, pulvérisé et lavé, et arrosés avec de l'eau distillée qui lui ont donné des fleurs et des fruits. M. Liebig n'a pas tenu compte de la présence de l'acide carbonique et de l'ammoniaque contenus dans l'air environnant et où l'eau distillée pouvait puiser ces principes.

Nous nous résumerons en disant que les racines seules absorbent les principes nutritifs des plantes tantôt dans la terre, tantôt dans l'eau, où ils se trouvent accidentellement, ou enfin dans l'air qui en est le *grand réservoir ;* que les feuilles ne sont que des organes évaporans et excréteurs, que si dans certains cas elles peuvent absorber les principes gazeux de l'atmosphère (ce qui n'est pas bien prouvé), c'est l'exception et non la loi ; c'est comme si l'on voulait dire que parce que l'on a pu nourrir des personnes avec des bains ou des lavemens nutritifs, l'homme se nourrit habituellement de cette manière.